FOUILLES DE SUSE

Campagne de 1885-1886

RAPPORT

DE L'INGÉNIEUR EN CHEF DES PONTS ET CHAUSSÉES

DIRECTEUR DE LA MISSION

PARIS

ERNEST LEROUX, ÉDITEUR

28, RUE BONAPARTE, 28

1887

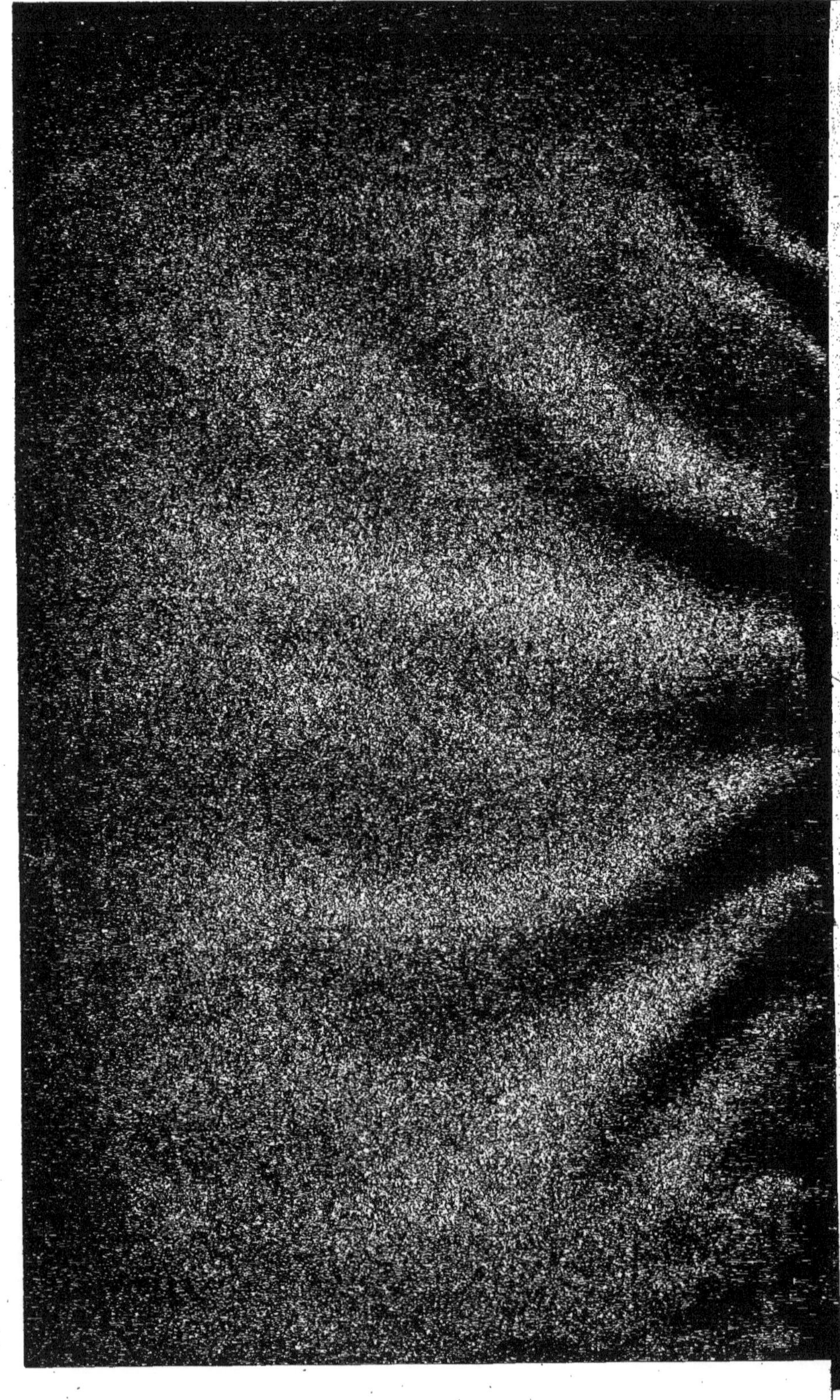

MINISTÈRE DE L'INSTRUCTION PUBLIQUE ET DES BEAUX-ARTS

MUSÉES NATIONAUX

FOUILLES DE SUSE

Campagne de 1885-1886 [1]

RAPPORT
DE L'INGÉNIEUR EN CHEF DES PONTS ET CHAUSSÉES

DIRECTEUR DE LA MISSION

J'ai fait connaître dans mon dernier rapport combien fut pénible l'installation de la mission sur le tumulus de Suse, j'aurais ajouté périlleuse si la vérité ne m'avait été en partie cachée. Voici les faits qui accompagnèrent notre entrée en Perse, tels au moins qu'ils m'ont été racontés cette année par les fils du chef religieux de l'Arabistan cheikh Mohammed Tahër et par un certain nombre d'habitants de Dizfoul.

Les Dizfoulis se vantent, non sans raison, d'être de tous les chiites, les plus pieux et, partant, les plus intolérants. En apprenant l'arrivée à Suse de quatre Français envoyés, pensaient-ils, dans le but d'enlever le corps de leur saint prophète, ils se rassemblèrent dans les mosquées et se promirent d'expulser et de tuer au besoin les *kafirs*, les *haramzadés* qui venaient souiller de leur présence le tombeau de Daniel.

Rentrer dans leurs demeures, s'armer de fusils, de pistolets, de kamas ou, faute d'armes, de gourdins noueux, se former en troupe compacte et marcher au nombre de sept à huit cents sur le gabre Daniel fut, pour les dévots de la ville, l'affaire d'un instant. Les assaillants s'avançaient ivres de dévotion, noirs de poudre et se frappaient convulsivement la poitrine en hurlant les noms de martyrisés de Médine et de Kerbela.

Le cheikh Mohammed Tahër, auquel j'avais été recommandé de la manière la plus pressante et qui avait accepté de bonne grâce

1. Voir le 1ᵉʳ rapport ; *Revue archéologique* (1884-1885), 2ᵉ Semestre, p. 48.

mes présents, fit monter ses fils à cheval et, effrayé par la sponta-
néité du mouvement, leur enjoignit d'arrêter les Dizfoulis et de
les faire rentrer en ville sans délais.

La tâche fut laborieuse ; la troupe avait déjà parcouru plus de
vingt kilomètres et était dans un état d'exaltation qui ne lui permettait guère d'écouter la voix de ses chefs. Sur la promesse que
les mollahs et les seïds les plus révérés se rendraient à Suse,
examineraient les travaux entrepris autour du gabre et que, si leur
rapport était défavorable, le vieux cheikh Mohammed Tahër lui-
même se mettrait à la tête de l'expédition, la troupe se dispersa.
Les turbans bleus et blancs affluèrent autour de nos tentes, me
fournirent même, afin de mieux connaître mes intentions, quelques ouvriers, et le jour où il fut bien établi en saint lieu que le
corps de Daniel n'était pas menacé, l'interdit fut levé. A la nouvelle du soulèvement, Mozaffer-el-Molk m'avait écrit la lettre
désespérée dont j'ai donné le texte.

Les instigateurs du mouvement ne se tinrent pas pour battus.
Soutenus par la majorité des membres du clergé, ils continuèrent
à exciter contre nous la population, à fomenter des insurrections
dont le contre-coup se faisait sentir tous les jours sur les chantiers
et rédigèrent enfin cette fameuse pétition où notre séjour dans la
Susiane était représenté comme un danger permanent pour le
pays.

La pétition, accompagnée de la relation des faits qui avaient
signalé notre arrivée, fut adressée à Zellè Sultan, par le gouverneur de l'Arabistan. Mozaffer-el-Molk, trop heureux de trouver
une occasion de se débarrasser d'un voisinage gênant et d'une
responsabilité dangereuse, parla en même temps des tribus insou-
mises, de leurs fréquentes incursions sur le territoire persan, de
la difficulté de nous préserver d'un coup de main tenté par les
nomades, et conclut en demandant le rappel en France de la
mission.

En vérité, le gouvernement du chah était aussi impuissant à
réprimer les passions religieuses des Dizfoulis qu'à mettre un
terme aux déprédations des Arabes. Il sentit combien serait fausse

sa situation vis-à-vis de la France si nous étions tués ou même pillés, et signifia à notre ministre à Téhéran le retrait des firmans.

Cette nouvelle parvint en France vers le milieu du mois d'août, au moment même où je considérais comme aplanies toutes les difficultés qu'avait soulevées l'ouverture des chantiers.

Les négociations furent reprises ; la Perse maintint d'abord les termes de sa note. Pressé par les dépêches françaises, le ministre des affaires étrangères du chah finit par tolérer le retour momentané de la mission dans le voisinage du gabre Danial, mais sous la réserve expresse que le gouvernement de la République prendrait l'engagement de ne demander ni explication, ni indemnité si la mission, comme tout semblait le faire prévoir, était massacrée au cours de la prochaine campagne. Cette condition était inacceptable. Désespérant d'en finir avec les Persans avant le retour de la saison chaude, l'administration des Beaux-Arts fit une concession et promit de retirer la mission en 1886 si le chah de son côté ne modifiait point les termes des firmans. En même temps, pour forcer la Perse à donner une réponse plus rapide, et pour la contraindre à ne pas éluder ses engagements en prolongeant d'une manière indéfinie les négociations, je m'embarquai avec Mme Dieulafoy, à destination d'Aden, où devait se trouver une canonnière chargée de nous conduire jusqu'à Bender Bouchyr. J'emportais des engins puissants destinés à soulever les fragments de chapiteaux dont j'avais commencé le déblaiement dans la précédente campagne et je me faisais suivre d'un charpentier du port militaire de Toulon. L'expérience m'avait appris qu'il n'y avait aucune espérance à fonder sur l'habileté des ouvriers de Dizfoul.

Nous nous embarquâmes le 11 octobre à Marseille, sur le *Salazie* des Messageries ; le 20, nous naviguions sur la mer Rouge pour la troisième fois en moins d'une année. En arrivant à Aden, j'y trouvai le *Scorpion*. Le navire était petit, mais grâce à la parfaite obligeance du commandant et de l'état-major, les parois de la canonnière semblèrent s'élargir.

Le 6 novembre nous étions en vue de Bouchyr. Mon arrivée

précipitée, et l'entrée dans les eaux persanes d'un navire de guerre français marquait de la manière la plus nette les intentions du gouvernement. Le chah ne s'y méprit pas. Il résista encore un mois afin de donner plus de prix à la concession qui lui était demandée, et se décida dans les derniers jours de novembre à faire expédier l'autorisation de continuer les fouilles. Entre temps j'avais recueilli à bord du *Scorpion* MM. Babin et Houssay, revenus de leur longue excursion en Perse.

En me transmettant la permission de reprendre le cours de nos travaux, M. Souhart, notre chargé d'affaires à Téhéran, m'apprenait que la mission devait évacuer Suse avant le retour du pèlerinage, c'est-à-dire à la fin du mois de mars. Le temps perdu en négociations autant que la clôture prématurée des chantiers me faisaient une loi de me rendre à Suse par le chemin le plus court ; il fallait abandonner la voie du Karoun et de Chouster, sûre mais fort longue, et reprendre une dernière fois le chemin d'Amarah. J'hésitais d'autant moins à repasser par cette ville de fâcheuse mémoire, que la Porte venait d'être forcée de lever l'embargo mis l'année précédente sur les précieuses collections de la mission, et que je rentrais à Amarah avec le prestige d'un récent succès. Nous y fûmes en effet bien accueillis ; la saison n'en était pas moins avancée.

A peine la caravane s'était-elle mise en route qu'elle fut assaillie par des pluies diluviennes. Trois chameaux moururent de fatigue, un baudet se noya en traversant un cours d'eau torrentueux. De toute nécessité il fallait attendre, dans un campement, la fin de la tourmente et se procurer de nouvelles bêtes de charge avant de se remettre en route. Nous nous arrêtâmes chez les Beni-Lams, les brigands patentés de la région. Alléchés à la vue de nos caisses, découragés par l'aspect rébarbatif de nos armes et par la certitude que nous en ferions usage le cas échéant, le cheikh Meunchet et ses complices hésitèrent huit jours à tirer parti de leurs hôtes. Un combat entre la convoitise et la peur se livra dans l'âme de ces fieffés bandits ; la prudence l'emporta pourtant, et Meunchet, prenant un moyen terme, essaya de me louer à leur pesant d'or, guides et chameaux. A ce moment, arrivaient de Kerbela des pèlerins persans ; ils me proposèrent des mulets. Lorsque Meunchet se présenta de nouveau, le marché était conclu.

Jusqu'à la dernière minute, le cheikh essaya de nous intimider. Peine perdue, nous nous échappâmes de ses griffes sans avoir payé rançon et pourtant nous étions chargés de dix-neuf mille francs en krans persans et en or français. Si Meunchet en avait eu le pressentiment !

La caravane atteignit enfin les bords de la Karkha ; elle n'était plus qu'à dix kilomètres du gabre Daniel. Trois jours furent employés à construire une *kelek* (radeau placé sur des outres) et à faire traverser la rivière aux bêtes et aux charges, un quatrième à s'égarer au milieu des canaux et des fossés d'irrigation. Le 13 décembre à midi, nous arrivions enfin à Suse. Les ouvriers affluaient aussitôt et les travaux étaient repris sans difficulté apparente. Peu de jours après l'ouverture des chantiers, j'eus pourtant à réprimer une dernière tentative de révolte.

J'avais été heureux de reconnaître les services rendus à la mission par le cheikh Mohammed Tahër, en prenant comme surveillant des chantiers un de ses protégés, ex-régisseur ou *motavelli* des biens wakhfs de Daniel. Cet homme fut accusé d'avoir trouvé un petit objet dans les tranchées et de ne pas me l'avoir donné. Les renseignements étaient formels, la culpabilité du surveillant ne pouvait être mise en doute. Je le fis arrêter et attacher auprès de ma tente. Pendant la campagne précédente les ouvriers avaient dérobé pour me les revendre ensuite très cher, la plupart des petits objets. Le British Museum avait ainsi perdu dans les longues fouilles de Babylone une quantité de documents précieux. M. de Sarzec à Tello avait été victime de pareils larcins. Autant que faire se pouvait, je désirais éviter le retour de ces vols qui vont plus tard enrichir les musées étrangers, et dans ce but je résistai énergiquement aux sollicitations qui me furent faites par les entrepreneurs et les ouvriers, tous très respectueux des moindres personnages attachés au service du prophète. Le lendemain de ce coup d'État les chantiers étaient désertés et mes cent cinquante travailleurs en pleine révolte. Jusqu'à ce jour je payais la journée à raison de quinze chaïs (0 fr. 60). Je fis appeler les entrepreneurs et leur signifiai qu'afin de punir les mutins je diminuerais tous les salaires d'un tiers ; les ouvriers qui n'auraient pas rejoint leur poste dans la matinée devaient être exclus du chantier d'une manière définitive. Une heure après cette sommation les terrassiers regagnaient les tranchées. A dater de ce moment j'ai été maître de mon personnel. Une partie des économies ainsi faites a été donnée en gratifications aux travailleurs les plus vaillants ; d'autre part les meneurs et les paresseux ayant été renvoyés on a pu, tout en réduisant les salaires et le nombre des hommes, augmenter dans une notable proportion le rendement du travail individuel.

Restait le voleur. Je l'ai libéré après lui avoir fait jurer sur une partition des *Huguenots*, faute de meilleur Koran, qu'il était innocent de tout larcin. Le motavelli a d'abord résisté, mais après douze heures d'une diète sévère, il a *mangé son serment*, comme disent ses compatriotes. Liberté vaut bien un mensonge. Un petit casuiste de tribu, accouru pour assister le surveillant dans cette pénible circonstance, lui a sans doute dicté une formule digestible et prétéritoire. Je l'ai tenue pour valable, le rôle de geôlier étreignant plus lourdement mes épaules novices que des chaînes les jambes du prisonnier.

Au début des travaux j'espérais que les fouilles du tumulus auraient une longue durée. Je demandais donc à mes premières tranchées de me fournir un fil conducteur qui me permît de limiter le champ des recherches et de conduire avec méthode les travaux à venir. Ainsi qu'il était prévu, toutes les excavations ouvertes dans de semblables conditions ne donnèrent pas des résultats comparables. Aux unes je fus redevable des pylônes de l'Apadâna d'Artaxerxès et du revêtement d'un escalier de faïence ; aux autres de renseignements bien précieux sur l'orientation des palais, sur le déchiffrement des reliefs apparents du sol, sur la disposition d'une courtine et la hauteur minimum des comblements anciens. Si la marche des travaux n'eût pas été modifiée par le retrait des firmans, j'aurais mis à profit les premières découvertes, poursuivi au moyen de tranchées très profondes la recherche de la base intérieure et extérieure des murs d'enceinte et cheminé sans impatience, mais désormais sans hésitation, dans la direction des palais élamites.

C'était là une œuvre considérable, bien digne d'être entreprise, mais, nécessitant pour être conduite à bonne fin à travers des massifs de douze à quinze mètres de hauteur, des capitaux et des années. Les uns et les autres faisaient également défaut. Je risquais, en persistant dans la voie où je m'étais engagé sur la foi des firmans, de toucher au port et de ne pas débarquer. Véritable jeu de dupe sans intérêt pour la science, sans profit pour nos collections nationales. A une nouvelle situation devait correspondre un nouveau programme ; avant de confier au sol de nouvelles semences, il était sage de récolter les moissons déjà mûres.

Le tumulus achéménide se prêtait à des recherches de courte haleine. Il avait fourni une précieuse collection de matériaux émaillés et les flancs d'un taureau bicéphale, le niveau du sol des palais était reconnu, la profondeur des fouilles n'était pas excessive, en outre j'avais recueilli à Persépolis des données précieuses sur l'architecture achéménide. Je me résolus donc :

1° A continuer sur l'emplacement même de l'Apadâna les fouilles commencées par sir Loftus ; fouilles que j'avais dû interrompre l'année précédente afin de sauver les sculptures mises à jour ;

2° A rechercher la position de l'escalier d'où provenaient les fragments de parements découverts au cours de la dernière campagne ;

3° A retrouver les amorces des pylônes et la position de l'enceinte des palais.

En agissant ainsi j'étais à peu près certain de posséder avant la fin de la campagne les éléments d'une restitution du tumulus achéménide et, tout en complétant cette œuvre d'un intérêt considérable, de découvrir en plus ou moins grand nombre des matériaux ayant appartenu aux anciens palais.

Mes espérances ne furent pas déçues. Les tranchées furent tracées sans hésitation, et exécutées sans fausses manœuvres.

Sur le sol de l'Apadâna on mit à jour, en outre des quelques fragments vus précédemment par sir Loftus, le corps entier d'un taureau bicéphale en parfait état de conservation, une nouvelle tête de taureau d'un très beau travail, des fûts de colonnes, de fragments de sculpture ornementale d'une exécution médiocre, les murs d'enceinte de la salle du trône vainement cherchés par la mission anglaise, des morceaux des portes extérieures et enfin, mais en dernier lieu, les doubles volutes placées au-dessous du chapiteau bicéphale, quelques débris du revête-ment des murs et du dallage. En prétendant que les plus belles parties du taureau n'ont pas encore été vues, je me base sur le plan des fouilles donné par sir Loftus et sur la nature du sol, vierge de toute excavation. Pour s'assurer de la vérité de cette assertion on comparera le chapiteau transporté en France aux dessins données par la commission anglaise et relevé sans doute sur de petits fragments ou sur des croquis pris à Persé-polis.

Les excavations conduites en prolongement des pylônes mirent à découvert la base du mur d'enceinte et une porte dont j'étais loin de soupçonner l'existence. La porte, beaucoup mieux fondée que les murs voisins, s'appuyait, contrairement à l'usage, sur des substructions en briques cuites. Ce fait anomal excita au plus haut point ma curiosité. Jamais, depuis que les fouilles avaient été ouvertes, je n'avais rencontré un mur antique en briques cuites. Dieu sait pourtant si j'avais longtemps cherché ce guide si sûr et si précieux. Je songeai aussitôt au palais de Darius détruit, au dire d'Artaxercès Mnémon, sous le règne de son grand aïeul, palais dont j'avais rencontré le dallage en un autre point. Mes pressentiments ne me trompèrent pas : les fondations de la porte étaient établies sur les ruines de murs anciens remontant à l'époque de Darius. A dater de ce jour tous mes efforts se portèrent en ce point. Près de trois mois furent employés par Mme Dieulafoy à suivre la piste si heureusement découverte et à extraire la frise des *Archers* que l'on va pouvoir admirer, sous peu de mois, dans les galeries du Louvre.

Les travaux ultérieurs, sans être couronnés du même succès, ont eu néanmoins d'heureux résultats. Ils m'ont donné en grandeur et en position les constructions qui enceignaient, au temps des Achéménides, l'Apadâna d'Artaxercès : grand escalier, escaliers secondaires, chemins d'accès, portes, fortifications, postes ou casernes des gardes royaux.

En 1885, j'arrivai pour la première fois à Suse, après les pluies d'hiver. Une végétation herbacée d'une luxuriance merveilleuse couvrait le tumulus. Peu de semaines plus tard, la prairie se transformait en un taillis épineux pénétrable aux seuls sangliers. Tout autre était l'aspect du sol quand nous échappâmes aux mains du cheikh Meunchet. Les rayons du soleil élamite avaient brûlé des herbes, incendié les taillis, le tumulus était net et propre. C'était le cas de procéder à une nouvelle visite des crevasses. Une trentaine d'ouvriers choisis au nombre des plus intelligents furent employés à ces travaux de recherches et tentèrent de trouver, au milieu des éboulis de l'enceinte fortifiée, la porte dont, l'année passée, j'avais soupçonné l'existence.

L'examen attentif des crevasses ne fut pas infructueux. Des fragments de colonnes et de chapiteaux roulés pêle-mêle au fond d'un ravin, une inscription cunéiforme et des briques émaillées furent des indices précieux du voisinage de l'ouvrage dont la découverte avait été si longtemps et si vainement poursuivie. A moins de cinquante mètres de l'épigraphe, gisaient en effet les derniers débris de l'une des grandes baies de l'enceinte élamite. A la même époque, le déblaiement des crevasses voisines de la porte me fit reconnaître dans la stratification des terres certains caractères dont la constance devait frapper tout constructeur. Je n'eus garde de les négliger et je pus à leur aide faire suivre et mettre à nu en douze semaines le parement interne de l'un des murs d'enceinte. Travail ingrat et absorbant, bien qu'utilisant peu d'ouvriers, mais d'un intérêt tous les jours plus considérable, car il me livrait par lambeaux tous les secrets de la fortification élamite. Ces recherches, et le déblaiement complet d'un temple achéménide ont pris fin dans les premiers jours d'avril, c'est-à-dire à la limite extrême que la légation de France, d'accord avec le gouvernement persan, avait assignée au séjour des membres de la mission dans le voisinage du tombeau de Daniel.

Tous les travaux de fouille peuvent se diviser en quatre temps bien distincts :

Chercher. — C'est la période des angoisses, des problèmes à résoudre, des découragements.

Découvrir. — Une des joies les plus franches qu'il soit donné de ressentir.

Emballer. — Exercice d'autant plus fastidieux qu'il exige une surveillance persévérante.

Transporter. — Il faut pendant trois mois s'être trouvé face à face de sept à huit morceaux de pierre pesant chacun de deux mille cinq cents à trois mille kilos, dans un désert sans route, coupé de marais, traversé de fondrières et de ruisseaux profonds ni navigables, ni flottables, dans un pays où des chaleurs torrides succèdent sans transition à des pluies torrentielles, pour bien comprendre les difficultés tenues en réserve par ce dernier temps de l'opération.

L'extraction des taureaux du fond des tranchées où ils gisaient et leur emballage ne présentaient pas en effet de difficultés sérieuses. Les forêts de la Karkha fournissaient des bois noueux, huit ouvriers persans les sciaient de long, notre charpentier les assemblait. Grâce à la chèvre, aux crics et à une équipe de Dizfoulis que nous avions fini par dresser, on remuait sans grands risques les plus gros quartiers de pierre. Aussi bien, à part quelques doigts écrasés, mais bien soignés et rapidement guéris, parvint-on à mettre dans leurs caisses, les deux têtes et les flancs du taureau cubant séparément de $1^{mc},250$ à $1^{mc},300$.

Restait, après avoir emballé les taureaux, à les faire parvenir au port d'embarquement. J'avais amené de France une prolonge du génie capable de porter de quatre à cinq mille kilos. J'estimais à quinze tonnes le poids des pierres découvertes, à quatre mille kilos la charge à mettre sur la prolonge. J'espérais arriver à Suse à la fin de novembre et terminer mes transports avant le retour de la saison des pluies. Je comptais aussi pouvoir atteler à ma charrette les chevaux de l'artillerie persane dont une batterie est parfois en garnison à Dizfoul et, dans ces conditions, atteindre en quinze jours Awas où je pensais embarquer mes pierres sur le Karoun, à destination de Mohamerèh, sur le Chat-el-Arab.

En additionnant mes projets et mes espérances, le transport de Suse à Awas des fragments du chapiteau bicéphale devait absorber deux mois, deux mois et demi au plus. Mais Zellè Sultan, en s'opposant d'abord au retour en Perse de la mission, puis en lui fermant l'entrée de la Susiane, me fit perdre les deux meilleurs mois de l'année. Mozaffer-el-Molk, le gouverneur de la province, en répondant par un refus net et sec à ma demande de chevaux, de harnais et de conducteurs, coupa les dernières branches que j'avais cru pouvoir saisir.

Je fis coudre des harnais par les cordonniers de Dizfoul et j'essayai de me procurer des chevaux. Le chah, ou plutôt ses ministres, nous avaient vu revenir en Perse avec la plus vive contrariété. Forcés de capituler devant l'attitude très ferme de la France, le gouvernement de Téhéran s'était proposé de tirer des Faranguis une vengeance bien orientale en les forçant à abandonner, à Suse, le produit de leurs fouilles. Mozaffer-el-Molk fit donc défendre aux muletiers comme aux chameliers de me louer leurs bêtes de charge. Le procédé, aussi simple que pratique, eut un plein succès. Si l'on ajoute, aux obstacles que nous créait le gouverneur de la Susiane, la répulsion des Dizfouliens à se faire les complices de l'enlèvement des talismans protecteurs, et l'horreur professée en Orient pour des travaux inconnus et, par conséquent, pour des transports sur charrettes, objets innommés en langue persane depuis le règne des derniers Achéménides, on se fera à peine idée des difficultés de la situation. Quant à en appeler à notre légation ou à Paris, je l'ai expliqué l'an der-

nier, il n'y fallait pas songer. Toutes mes lettres étaient lues, ouvertes et après examen, transmises ou détruites au gré de Mozaffer-el-Molk; dans les meilleures conditions elles mettaient encore un long mois avant de parvenir à Téhéran, et quarante-cinq
jours avant d'atteindre Paris.

Si l'Orient reste la terre classique du mauvais vouloir, des pré-
jugés et de l'apathie, il a, sur tous les autres pays, un avantage
inestimable. Sa Majesté *Poul* ou Son Altesse *Filous* y règnent
en souverains maîtres. Dans un terrain très large limité par la
jalousie et les dogmes religieux, consciences et choses sont à
vendre à des prix souvent modérés. Ce fut donc à un levier
d'argent, plus puissant que celui d'Archimède, que je demandai
secours. Je ne soulevai pas le monde, je n'en avais pas les moyens,
mais je soulageai de quelques scrupules arriérés et hors d'âge
des consciences ouvertes au progrès. Un mirza du gouverneur
fut engagé en qualité de chef de l'escorte des voitures, et je fis
d'un seïd authentique un maître charretier. Les autorités civiles
et religieuses devenaient nos complices et toutes les objections
tirées des défenses faites par le roi ou de la sainteté des talismans,
tombaient d'elles-mêmes. L'eût-il voulu, que le gouverneur n'eût
pas osé priver un seïd d'un gros bénéfice et se créer d'irréconci
liables ennemis dans la caste religieuse. Je jugeai bon néanmoins,
afin d'éviter tout malentendu, de répandre jusque sur les tapis
officiels une pluie de promesses bienfaisante. Notre gouvernement, je l'espère, leur donnera un caractère de sérieuse réalité.

Les bêtes de trait arrivèrent. Nous le constatâmes bientôt, elles
étaient plus récalcitrantes que les hommes; le turban bleu du prophète échouait devant l'entêtement de vulgaires quadrupèdes. Les
mulets capitulèrent cependant et, à condition que l'on conduisît
devant eux une jument de leur choix, ils consentirent à traîner
la charrette vide. On attela deux bêtes, puis quatre, puis six, puis
huit, enfin, on chargea la charrette de quatre caisses, pesant ensemble quatre mille kilos. Le sol, détrempé par de longues pluies,
se laissait pénétrer, bêtes et gens étaient novices, et cependant il
fallait à tout prix diriger vers la mer un premier convoi. Les huit

mulets et les trente hommes chargés de préparer la route devant les véhicules s'attelèrent en vain : la prolonge resta immobile. J'enlevai une, deux caisses sans résultat. De guerre lasse, je fis ôter la troisième. Quand il y eut sur la voiture un seul colis pesant quinze cents kilos environ, la machine à quatre roue s'ébranla enfin et parcourut en huit heures près d'un kilomètre. Le résultat était satisfaisant. Le jour où la terre serait plus sèche, les animaux et les hommes moins épuisés et plus habiles, on pouvait espérer franchir en deux semaines les deux cents kilomètres qui séparent Awas du tombeau de Daniel.

Sur ces entrefaites, les fouilles de l'Apadâna fournirent de nouvelles richesses. Il ne m'était pas possible d'abandonner, après les avoir amenés au jour, une superbe tête de taureau et des fragments de volute du plus beau travail. Ces nouveaux fragments pesaient 10,000 kilos ; 10,000 et 15,000 font 25,000 ; le quotient de 25,000 par 1,500 est 16. C'était donc seize voyages à prévoir et à raison d'un voyage par quinzaine, huit mois à consacrer au transport des chapiteaux. Et nous devions quitter Suse le 1er avril au plus tard, comme ne manquait pas de me le rappeler chaque mois notre chargé d'affaires à Téhéran, et comme nous y aurait contraint la chaleur suffocante de l'été, faute de cette recommandation mensuelle.

J'eus alors la pensée de faire monter par notre charpentier un chariot à deux roues entièrement en bois et semblable à ceux que je me rappelais avoir vu circuler sur les mauvaises routes du nord de l'Espagne. Il en exécuta un premier, à titre d'essai, puis j'ajoutai une troisième roue dans l'axe de la flèche. Ce nouveau modèle de voiture marcha à souhait. Deux autres véhicules et une cinquième paire de harnais ayant été commandés sans délai, j'eus enfin la satisfaction de diriger sur Awas un premier convoi emportant cinq mille kilos de pierres. M. Houssay forcé, à la dernière heure, de prendre la place de M. Babin, se tira, à son honneur, de la tâche qui lui incombait. Le premier voyage fut long et pénible ; il fallut traverser à gué le Chaour, large ruisseau au milieu duquel disparaissaient les charrettes et les caisses, se jeter, faute de meilleurs chemins, dans des marécages, combler des ravins, écrêter des arêtes rocheuses ; mais, gens, bêtes et matériel revinrent intacts C'était un grand pas de fait.

Le premier voyage de charrette s'est effectué du 1er au 15 mars. Une inondation du Karoun, survenue peu de jours après le retour à Suse de M. Houssay, me contraignit à reporter sur l'Ab-Dizfoul, rivière torrentueuse, le point d'embarquement. Le trajet à parcourir en voiture se trouvait ainsi raccourci, tandis qu'un nouvel inconnu s'introduisait au travers de mes prévisions : se rencontrerait-il des bateliers assez hardis pour remonter les rapides de l'Ab-Dizfoul ?

Dès que je me fus assuré de la possibilité de charrier les plus lourdes pierres au nouveau point d'embarquement, je quittai Suse à la tête d'un convoi de trente mulets, faisant suite à une caravane de quarante-trois chameaux.

Diverses causes me forçaient à me rendre à Bassorah. D'abord l'arrivée en rade de Bouchyr du navire le *Sané*, que M. le ministre de la marine voulait bien mettre à la disposition de la mission, en second lieu, le manque d'argent, nos dernières ressources ayant été épuisées en achats imprévus de consciences et de harnais, et surtout la nécessité de me procurer des bateaux à expédier sur l'Ab-Disfoul.

De toutes les routes, la seule qui fût courte et qui évitât l'inondation du Karoun était, me disait-on, infestée de bandits. Ma femme et moi eûmes tout le loisir de reconnaître la vérité de cette information. Huit jours durant, nous fûmes inquiétés par les nomades internationaux, campés à cheval sur les frontières turco-perses. Néanmoins, la crainte inspirée aux Arabes par les membres de la mission, notre réputation bien établie de sorciers et une surveillance incessante, nous permirent d'atteindre sans accidents, mais rendus de fatigue, le village de Mortmer, situé sur le Karoun. Là, nous prîmes un *kachti* (bateau calfaté avec du bitume) où furent chargées toutes les caisses, et nous descendîmes en trois jours à Mohamerèh, chez le cheikh Mozel-Khan.

Un épisode entre mille de notre dernier voyage en caravane.

Un *tcharvadar* (propriétaire de bêtes de somme), forcé d'abandonner ses bêtes, se jette derrière un buisson et échappe un instant à mes regards. Il est aussitôt saisi par les nomades, roué de coups, dépouillé de ses vêtements et de ses outils ; tel est l'effroi du malheureux qu'il n'ose pas appeler au secours. Le muletier, à son retour au milieu de nous, avait une mine si déconfite et si piteuse que nous nous retournâmes, ma femme et moi et, sans quitter la caravane, envoyâmes quelques balles dans la direction présumée des voleurs. De petits panaches de fumée couronnèrent les hautes herbes de la plaine ; tout compte fait, vingt-six coups de fusils répondirent à notre salut.

Si nous avions commis l'imprudence de nous lancer à la poursuite des brigands, nous ne les aurions pas rejoints et leurs camarades, profitant de notre absence, auraient déchargé les bêtes de somme et volé ânes, chameaux et mulets. Quant à nos caisses, elles eussent été ouvertes et leur précieux contenu, dispersé ou brisé au gré de la sauvage fantaisie des nomades.

De Mohamerèh à Bassorah, il y a six heures de *belem* (petite barque à rame). En arrivant dans cette dernière ville, j'appris par une dépêche du commandant Juge que la calaison du *Sané* ne lui permettait pas de conduire son navire au delà de la barre de Fau, située à l'entrée du Chat-el-Arab. Force me fut de me priver des utiles auxiliaires que m'auraient fournis l'état-major et l'équipage et de recourir aux moyens mis à ma disposition par l'industrie locale. Il ne fallait pas songer à envoyer sur l'Ab-Dizfoul les gros bateaux fluviaux connus sous le nom de *Kachtis*. Le courant de la rivière, qui atteint parfois douze nœuds, les forêts qui bordent les berges, sont des obstacles insurmontables à la navigation. Mon dernier espoir reposait sur de longs canots semblables aux gondoles vénitiennes, faciles à manier soit à la cordelle, soit à la perche, espoir bien ténu, car je pressentais combien il serait difficile d'amener des bateliers à se lancer sur une rivière torrentueuse que n'avait encore violée aucune embarcation. J'aurais peut-être échoué si le cheikh Mozel-Khan, la providence de la mission, n'avait ordonné à six *belems* de me suivre partout où je leur commanderais de se rendre. Vingt et un jours furent employés à faire remonter les embarcations. Les huit derniers, les canots, malgré les efforts de leur équipage, composé de dix-huit nègres vigoureux, n'avançaient pas de six kilomètres par vingt-quatre heures. Enfin, les pierres sont chargées, la flottille reprend le chemin de Mohamerèh, elle s'arrête un jour à Awas et arrive le 19 mai sur le Chat-el-Arab. Le succès était complet, mais il avait été chèrement acheté.

Depuis le 15 avril, le thermomètre centigrade atteignait à l'ombre de 41° à 45° centigrades ; dans les derniers jours, il s'était élevé à 49°. La température extérieure variait de 65° à 72°. Pour être certains que les embarcations envoyées sur l'Ab-Diz-foul ne se déroberaient pas et atteindraient le point où avaient été déposées les pierres, ma femme et moi avions dû, malgré cette chaleur, remonter jusqu'à Awas. Pendant sept jours, nous fûmes exposés sans abri aux ardeurs d'un soleil que ne tempérait pas la plus légère brise ; le huitième, vers une heure de l'après-midi, ma femme tomba de cheval : elle venait d'être frappée en plein désert d'un *coup de chaleur*. La nuit venue, elle reprit connaissance ; j'en profitai pour la remettre en selle et la conduire jusques à Awas où, pendant plus d'une semaine, elle me donna les plus vives inquiétudes. Peu de jours après, M. Babin, déjà souffrant d'une dysenterie rebelle, était terrassé par le soleil en même temps que notre maître charpentier, M. Houssay, tremblait la fièvre à ne pouvoir se soutenir. Tous trois étaient si gravement atteints que, malgré les soins empressés qu'ils ont reçus à bord du *Sané*, ils sont encore très faibles et resteront longtemps anémiés.

Jamais, en contemplant dans les galeries du Louvre le chapiteau bicéphale de l'Apadâna susien, le public ne se fera une idée de ce que le transport de ces monstres de pierre a coûté d'inquiétudes, d'efforts et de souffrances aux membres de la mission.

Les firmans donnaient au gouvernement la faculté de prendre possession de la moitié des objets découverts dans les fouilles,

mais la seconde moitié revenait de plein droit à la Perse. Je
n'aurais pas considéré ma mission comme bien remplie si je
n'avais pu obtenir en faveur de la France, l'abandon de la part
que s'était attribuée le souverain de l'Iran. Au début, les négociations furent laborieuses. Les autorités locales me contestaient
même le droit d'emporter quoi que ce fût. J'employai tour à tour
l'intimidation, la persuasion et les promesses, et, après quatre
mois d'un travail opiniâtre, je gagnai ma cause. Les mêmes fon-
tionnaires qui avaient entravé avec un soin si jaloux le départ des
premiers convois s'employèrent de la meilleure grâce à faciliter
les derniers transports. Je ne tardai pas à apprendre la raison de
ce revirement. Le roi me chargeait d'offrir au musée du Louvre
tous les objets qu'il était en droit de revendiquer. Le cadeau est
princier et fait le plus grand honneur à son auteur. Que l'on
compare les procédés du sultan à la conduite du chah et l'on
appréciera toute la générosité et toute la délicatesse du souverain de la Perse.

Après avoir fourni sur la marche des travaux des indications
d'un ordre général, je donnerai une description sommaire des
objets découverts. Je m'occuperai tout d'abord des archers
royaux.

Les premiers matériaux extraits des tranchées, au fond des-
quelles dormaient depuis vingt-quatre siècles les gardes de Darius, me frappèrent par la beauté de l'émail et la consistance de
la pâte.

Ils n'affectaient plus comme les briques des lions une forme
de parallélépipède. C'étaient des dalles carrées faite d'un béton
ayant toute la blancheur du plâtre et la dureté de la pierre. Le
sujet peint sur la tranche et traité avec un soin précieux fut
d'abord difficile à recomposer. Les briques cependant affluaient
en grand nombre. Un jour on m'apporta une main, le lendemain un pied chaussé d'un brodequin d'or. En m'aidant de la
continuité du sujet et de la découpe des matériaux, je montais les
pieds, les chevilles, les jambes, la jupe, puis le corps, le bras,

l'épaule et la tête d'un archer. Ce premier fragment de bas-relief appartenait à une procession de guerriers.

Les soldats sont représentés de profil et en marche. Sur leurs épaules reposent un arc et un immense carquois ; ils tiennent en mains une javeline qu'ils portent comme nos soldats le fusil dans le mouvement : *Présentez armes*. Le bois de la javeline est terminé par une grenade d'argent. Les uniformes faits d'étoffes différentes sont pourtant taillés sur le même patron. Ils se composent d'une jupe fendue sur le côté, d'une blouse ou chemise courte à larges manches serrée à la taille par une ceinture et d'une veste ronde fermée sur la poitrine. Les manches de ce dernier vêtement, fendues du poignet au coude, laissent passer à travers l'ouverture les plis nombreux de la chemise. Un riche galon borde toutes les pièces de l'uniforme. Ces archers sont couronnés d'une torsade et chaussés de bottines à lacet. Autour de leurs poignets s'enroulent des bracelets d'or, à leurs oreilles sont accrochés des pendants du même métal. L'ajustement est celui des tribus arabes de la Susiane et présente quelques analogies avec le costume médique décrit par les auteurs anciens et représenté sur les bas-reliefs de Persépolis.

Je signalerai trois détails caractéristiques de l'uniforme et de l'armement des soldats susiens : la couronne posée sur les cheveux, les bijoux d'or et la grenade d'argent qui termine la javeline. Ces insignes, au dire d'Hérodote, seraient distinctifs des mille cavaliers et des dix mille immortels formant l'escorte particulière des maîtres de l'Asie. Les gardes royaux, dont l'image est reproduite sur les bas-reliefs persépolitains de tout âge, et notamment sur le tombeau de Darius, portent une couronne unie, d'aspect métallique, au lieu de la couronne de corde, et n'ont pas de veste. Des différences plus profondes que celles tenant à une légère modification des coiffures ou des habits devaient exister entre les archers de Suse et de Persépolis. Ceux-ci étaient ariens et de race blanche, ceux-là étaient noirs. Le fait est constant.

Les travaux d'anthropologie entrepris par M. Houssay sur les

habitants actuels de la Susiane et la découverte très heureuse
d'urnes funéraires contenant des squelettes bien conservés,
montrent, d'autre part, que depuis dix-huit cents ans les caractères anatomique des races noires vont en s'atténuant, mais se
retrouvent chez tous les citadins de l'Arabistan. Je persisterais
donc dans l'hypothèse que j'émettais l'année dernière au sujet
de la couleur noire des anciens Élamites et je serais tenté, pas-
sant outre à des objections aujourd'hui résolues, de considérer
le peuple susien comme une tribu isolée des plus antiques
colons de l'Asie, ces noirs de Rig-Véda, ces Éthiopiens du
Levant cités par Homère et décrits avec soin par Hérodote.

En ce cas, nos guerriers appartiendraient au contingent susien
du corps des gardes royaux. On pourrait m'objecter que la couleur noire, pouvait être affectée à des hommes et le blanc réservé aux femmes, si je n'avais découvert des figures, des mains
et des pieds blancs appartenant à des archers aryens. Au reste,
ce sont là des études de longue haleine impossibles à traiter
dans un travail sommaire. Je me borne aujourd'hui à des énon-
cés, me réservant plus tard de fournir des preuves.

Les étoffes des uniformes sont, je l'ai dit, des plus variées.
Il en est de jaunes d'or brodées de marguerites bleues et vertes,
d'autres, à fond blanc, portent sur un écusson noir l'image de la
citadelle susienne. J'avais signalé cet ornement héraldique dans
mon précédent rapport ; parfois les robes blanches sont couvertes
de fleurs ou d'étoiles s'enlevant sur un cercle noir. La chemise
faite d'un lainage léger est pourpre foncé ou jaune, les chaus-
sures jaunes ou bleu de ciel. La corde, formant coiffure, est toujours verte. Les traits des personnages sont caractéristiques des
races blanches, mais je n'attache guère d'importance à ce détail,
car les artistes perses, pas plus que les assyriens, à mon avis,
n'ont jamais tenté de reproduire les profils exacts de leurs
modèles. Le nez, légèrement busqué, surmonte des lèvres
minces liserées de carmin. La barbe est bouclée et relativement
courte, les cheveux, contrairement à l'usage perse, ne sont
frisés qu'à leur extrémité.

Au point de vue de l'exécution, je signalerai le modelé et le dessin parfaits des personnages et, dans le vêtement de guerriers, les grands tuyaux des manches et les plis collés des jupes. Quand les sculpteurs grecs s'avisèrent de détacher du corps humain les draperies qui, jusqu'à eux, semblaient lui adhérer, ils agirent exactement comme nous voyons procéder les modeleurs perses. Cette analogie n'est pas fortuite étant donné que l'art de Persépolis et de Suse est né au lendemain de l'entrée des armées iraniennes en Ionie et en Hellade ; mais elle est des plus instructives, car les formules empruntées à l'étranger par les Achéménides se figèrent dans des moules hiératiques le jour où elles furent acquises à l'art national.

Le Cyrus de Mechhed-Mourgâh est encore de tradition assyrienne, les bas-reliefs de Darius sont grécisants ; il faudrait donc placer aux environs de l'an 510 avant notre ère le moment où les Grecs, reniant leurs premiers maîtres, habillèrent en étoffes dessinant de longs tuyaux ou de vêtements à plis mouillés les statues sorties de leurs mains.

Les gardes, disposés en groupes de cinq, occupent des pilastres séparés par de profondes rainures. Haut et bas du tableau règne une frise semblable à celle des lions. Toutefois, les inscriptions cunéiformes, au lieu d'être placées au-dessous du bas-relief, sont comprises entre les personnages. Les créneaux ne se détachent pas non plus sur le ciel, mais sur un fond blanc émaillé et uni. Quant au mur de soutien, il était couvert d'un stuc gris, dur et poli comme un marbre et non de la mosaïque blanche et rose employé dans les revêtements du pylône. De tous ces caractères et de la merveilleuse conservation des émaux, je déduis que les archers étaient préservés des atteintes directes de l'atmosphère. A mon avis, ils se déployaient au haut et sur les faces des murs de l'Apadâna garanties par les colonnades.

En outre des faïences, les fouilles du palais de Darius ont fourni, en grand nombre, des fragments de sculpture d'un caractère très particulier. Les briques ne sont ni peintes, ni émaillées, les formes ont perdu tout caractère conventionnel et l'ensemble du bas-relief est modelé avec une science et une habileté dont on retrouverait peu d'exemples chez les prédécesseurs grecs. Les sujets traités en terre cuite sont bien connus des assyriologues ; ils sont tous empruntés à la faune fantastique de la Chaldée. Entre autres monstres, j'ai remonté un lion ailé analogue à la bête fauve reproduite sur les bas-reliefs persépolitains et un taureau de profil, coiffé néanmoins, de deux cornes divergentes. Ces bêtes étaient comprises entre des frises couvertes d'un texte cunéiforme gravé sur la tranche des briques. J'ai recueilli un grand nombre de ces matériaux épigraphiques ; quelques inscriptions sont en langue perse ; les autres, écrites en caractères cunéiformes cursifs se rapportent à des textes susiens. Ceux-là accompagnaient les lions et les taureaux du palais de Darius ; ceux-ci des bas-reliefs élamites aujourd'hui disparus. Les monstres, j'ai tout lieu de le croire, n'entraient pas dans la décoration des palais, mais, comme les taureaux androcéphales, gardaient plutôt les grandes baies et les vestibules des enceintes de la cité royale. Les dernières recherches effectuées dans le tumulus achéménide ont fait découvrir le modèle émaillé de ces mêmes animaux ; bien que fort mutilé, il a tout de même une importance capitale, car ces derniers taureaux ailés, le fait est certain, faisaient partie de la décoration d'une porte intérieure de la fortification.

L'année passée, j'avais été forcé d'interrompre les fouilles de l'Apadâna au moment du pèlerinage. Soixante ouvriers ont été occupés, pendant toute la durée de cette campagne, à reprendre et à terminer le déblaiement de la salle du trône des monarques achéménides. J'avais en vue, en poursuivant ce travail, de rechercher des fragments de la décoration intérieure du palais et un chapiteau bicéphale digne de figurer dans nos collections.

Les fragments de chapiteaux sont très peu nombreux et d'une valeur artistique inégale. Les uns sont taillés avec un soin précieux par des maîtres habiles, les autres sont mal tracés et plus mal exécutés encore, le modelé est obtenu par des gravures en creux dont l'effet est maigre et des plus médiocres. Des différences aussi profondes ne peuvent être imputées seulement à l'habileté plus ou moins grande des ornemanistes. Ces défauts sont caractéristiques d'une basse époque, ils en portent toutes les traces. Aussi bien attribuerais-je les beaux fragments des chapiteaux aux parties conservées du palais de Darius et les médiocres au règne d'Artaxerxès Memnon, sous lequel s'accentua la décadence de la Perse. Grâce à l'étendue donnée aux fouilles du palais, j'ai pu retrouver un chapiteau appartenant en entier à la belle période de l'art achéménide. Le chapiteau bicéphale, long de 4^m,10, haut de 1^m,80, sera porté sur son pilastre décoré de seize volutes. Des deux campanules placées au-dessous des volutes, il ne restait que de menus morceaux mal composés et mal taillés. Je les ai laissés sur place. Je n'ai pu résister néanmoins à la tentation d'emporter le couronnement d'une base de l'ordre extérieur dont les lignes charmantes m'avaient séduit et de mouler le socle entier de la colonne.

Les fouilles de l'Apadâna m'ont encore fourni des pierres sculptées dont je suis resté longtemps sans m'expliquer la provenance. C'était des fragments de bandeaux composés de listels courbes séparés par des chapelets d'oves et des baguettes cannelées.

La découverte d'ornements affectant cette même forme dans le voisinage de la grande porte de l'enceinte extérieure et la ressemblance des bandeaux susiens avec les cadres et les linteaux des portes grecques de style ionique m'ont fait supposer que j'étais en présence de pierres provenant des portes du palais. En ce cas, la décoration de l'Apadâna différerait légèrement de celle des palais persépolitains, tout en restant de style achéménide. Aux trois listels plats des ouvertures du Takhtè-Djemchid serait substituée une décoration d'un caractère plus varié et d'un aspect plus grécisant.

La position et l'emprise des murs de la salle du trône étaient dessinés par l'interruption des dallages des galeries et de la pièce centrale. Ce point de fait, mis en lumière par les fouilles, était intéressant à constater en ce qu'il répondait à une question posée et mal résolue par la mission anglaise. Bien qu'on ne pût admettre, étant connues l'histoire et les origines de l'art perse, que les colonnades placées au-devant des palais fussent interrompues brutalement et ne vinssent pas buter sur des culées bâties en prolongement des murs d'enceinte, il était utile, alors surtout qu'on avait pu le nier, de montrer que la salle du trône était fermée sur ses quatre faces. Le sous-dallage était composé d'une double assise de carreaux en briques posés au mortier sur un lit de gravier de près de deux mètres d'épaisseur. Au-dessus de la couche de fondation régnait un dernier dallage. Il était en marbre, si on s'en rapporte à la nature des matériaux découverts et aux affirmations des auteurs anciens.

Je ne parlerai plus des revêtements en faïence des pylônes et des murs d'escaliers, bien que j'en aie découvert cette année de nombreux et de beaux fragments ; je signalerai seulement les émaux exécutés non plus sur béton, mais sur brique cuite ; ils sont rares et fort maltraités par le temps. Combien on le regrette en admirant la délicatesse de leurs tons et le fini de leur exécution ! Je suppose que le défaut d'adhérence de l'émail sur la brique, cause première de la détérioration très ancienne de ces faïences et des revêtements babyloniens, firent abandonner la terre cuite au profit du béton dès le règne de Darius. Les briques émaillées appartiennent en effet aux strates achéménides les plus anciennes.

Les tranchées ouvertes par la commission anglaise et par la mission française ne devaient pas avoir pour unique résultat d'amener au jour des spécimens de l'art antique de la Perse. Elles devaient faire connaître les dispositions de ces salles du trône, qui virent défiler pendant plus de deux siècles les députés de tous les États de la Grèce.

Afin de bien préciser l'état de la question et la part qui revient dans cette œuvre à chacun des explorateurs, je résumerai tout d'abord l'histoire des découvertes.

En 1853, la commission anglaise déblaie une partie de l'Apadâna, relève la position des colonnes, copie leurs inscriptions, mais ne tire pas de déductions exactes de ses travaux.

En 1885, je découvre les pylônes aux lions et les revêtements émaillés du grand escalier.

En 1886, les fouilles sont reprises sur le tumulus achéménide. Elles mettent successivement à jour deux entrées de la fortification, le grand escalier d'honneur, un escalier secondaire et les murs de la salle du trône. Je termine la campagne en faisant suivre et mettre à nu les parements intérieurs des remparts et en m'assurant que les deux espaces compris entre l'escalier et les pylônes, d'une part, et les pylônes et l'Apadâna, sont libres de construction.

A part les dispositions de détails et les distirbutions intérieures des casernements installés, comme je l'expliquerai plus tard, entre les deux lignes de défense du palais, on peut donc reconstituer l'ensemble des édifices qui, au temps d'Artaxerxès, couvraient le tumulus achéménide.

Les constructions royales s'élevaient sur une plate-forme à peu près rectangulaire haute de 17 à 18 mètres et en franche saillie sur le tumulus élamite. Elle étaient entourées de hautes fortifications sur les deux faces est et ouest. La crête des défenses nord, était arrasée au niveau de la plate-forme du palais ; grâce à cette disposition, le souverain embrassait, du seuil de sa demeure, la chaîne entière des monts Bakhtyaris, la plaine et la ville de Suse. La face sud de la plate-forme de l'Apadâna formait un des côtés de la place d'armes comprise entre la citadelle et le tumulus élamite.

La grande entrée de cette place d'armes était, à très peu près, située dans l'axe de la salle du trône, à l'est et au pied des murs de la citadelle.

Sans s'occuper des constructions latérales toutes antérieures à Darius, l'on franchit cette porte et l'on se dirige vers le palais d'Artaxerxès. Devant le visiteur se dresse un escalier géant. Il occupait le centre de la face sud de la plate-forme achéménide et s'appuyait à ses extrémités latérales sur deux tours rattachées aux fortifications. Comme l'escalier du Takhtè-Djemchid, il se composait de quatre volées groupées en deux systèmes de rampes. Les mains courantes crénelées étaient tapissées de ces merveilleuses faïences dont j'ai donné un spécimen dans mon dernier rapport.

On gravissait les rampes assez douces (leur pente est de 0^m,25 par mètre) pour être montées à cheval et on atteignait la cour extérieure limitée à l'est et à l'ouest par les remparts. Des portiques hypostyles décorés d'animaux fantastiques occupaient le milieu des ailés ; faisant face à l'escalier, s'ouvrait une large baie comprise entre deux massifs semblables aux pylônes du portique Viçadayou de Persépolis. Les pylônes susiens étaient revêtus d'une mosaïque blanche et rose et surmontés de cette magnifique procession de lions dont on pourra bientôt apprécier toute la splendeur. Bien avant de franchir le seuil de la deuxième cour, on apercevait la façade antérieure de la salle du trône, ornée des sept grandes portes de pierre dont j'ai retrouvé les ruines.

L'Apadâna était isolé de toutes les constructions environnantes au sud par la cour intérieure ; au nord, à l'est et à l'ouest, par un fossé large de vingt-deux mètres au fond duquel circulaient, sur une chaussée établie en rampe douce, les chars royaux qui, de la plaine, montaient au palais.

A l'est, en regardant la salle du trône, existait un nouveau portique. Il commandait l'entrée d'un escalier secondaire et la route tracée sur les remparts à l'usage du roi, quand le monarque se rendait du harem, situé sur le tumulus élamite, à ses appartements officiels. Les dispositions du plan exigeraient qu'il y eût, sur la gauche, un troisième escalier. Je l'ai cherché en vain ; sa destruction est complète. On retrouve néanmoins à l'ouest de l'Apadâna les traces des substructions d'un portique symétrique du portique de l'est.

Les trois colonnades du palais et leurs ordres bicéphales échappaient aux regards des visiteurs, à moins qu'ils ne les aperçussent à travers les larges baies placées à leurs extrémités. D'ailleurs, on avait tout le temps d'en admirer l'élégance et la majesté avant de pénétrer dans l'enceinte royale, puisque la salle du trône dominait de toute sa hauteur les fortifications du nord. Comme au temps de Darius, les parois des portiques hypostyles devaient être ornés de théories de guerriers et de ces interminables inscriptions destinées à raconter la gloire royale aux générations futures. Je ne pourrais affirmer ce fait, n'ayant pas été assez heureux pour en trouver la preuve dans les fouilles du palais le plus récent, mais les architectes d'Artaxerxès, j'en ai la conviction, n'avaient pas l'audace de s'écarter des traditions consacrées par les œuvres de leurs prédécesseurs.

L'isolement des colonnades, leur exposition exceptionnelle, leur ornementation brillante, semblent indiquer que le roi s'était réservé l'usage exclusif de cette partie de ses palais. De toutes les prérogatives attachées à la souveraine puissance, c'était peut-être une des plus enviables, car on ne saurait rêver d'un spectacle comparable à celui qui se déroulait devant les yeux du souverain, quand il contemplait du haut de son trône la Susiane écrasée à ses pieds.

Telle était, dans ses grandes lignes, la demeure officielle d'un *khchayathiya* que venaient encore embellir des pièces d'eau, des jardins fleuris et des œuvres d'art. Tel était le tabernacle royal, le centre d'attraction des pensées et des regards de l'Asie tout entière.

Pour le monarque seul, on élevait ces immenses acropoles; pour le monarque seul, on construisait ces salles hypostyles réservées par l'Égypte et la Grèce au culte des dieux immortels. Pour le roi, cet escalier géant où défilait une armée sans rompre les rangs, pour le roi, ces portiques avec leurs bas-reliefs émaillés, leurs plafonds de bois rares soutenus à vingt mètres de hauteur par une cohorte de génies, pour le souverain, cette légion de serviteurs et de gardes, ces vases d'or, ces meubles et ces tapis; pour le roi, cette chaîne neigeuse, merveilleux décor jeté par le Créateur entre l'Élam et la Perse.

Si la simplicité du plan, la clarté des dispositions, l'harmonie de l'ordonnance sont les expressions suprêmes de la beauté architecturale, l'Apadâna d'Artaxerxès dut être un des plus beaux édifices de l'antiquité, et il le fut en effet, car à de grandes qualités de style se joignait une décoration lumineuse aussi bien comprise dans sa tonalité que l'architecture dans ses lignes. Quelle vertu secrète manqua-t-il aux Perses pour atteindre à la perfection et lutter avec les artistes de la Grèce? un milieu favorable à l'épanouissement de leur génie particulier. Les architectes iraniens se seraient élevés à la hauteur des maîtres des œuvres de la Hellade, s'ils avaient vécu, au contact d'une société aussi brillante et aussi délicate que le fut dès l'origine le peuple athénien, et s'ils avaient trouvé dans le monde ancien à appliquer un art monumental qui n'avait d'autre but que de rendre tangible, par un déploiement inusité de maçonnerie, la puissance d'un souverain.

Alexandre seul pouvait ressusciter cette architecture souveraine; peut-être l'eût-il entrepris s'il eût vécu, car l'élève d'Aristote fut un des plus fervents admirateurs du génie décoratif de la Perse; mais, après la mort du conquérant, qui eut osé se revêtir d'un habit fait à la taille des colosses asiatiques?

Je n'ai pas encore parlé de la décoration intérieure de l'Apadâna. A vrai dire, les documents certains font défaut. Pourtant, soit dans les environs de la salle du trône, soit auprès de la grande porte des enceintes élamites, j'ai trouvé des fragments d'un stuc rouge, de qualité semblable à l'enduit placé au-dessous des archers. Ce stuc, en raison de sa couleur, ne pouvait être mis en contact avec les faïences bleues, et comme, de tous temps en Perse, les émaux ont été répartis à l'extérieur et exposés à la lumière directe, afin d'exalter leur valeur et leur brillant, je croirais volontiers que les salles intérieures étaient à fond rouge. Mieux que toute autre, cette teinte devait s'harmoniser avec les ors, les tapis et les tentures qui étaient distribués à profusion dans la salle du trône. Le stuc était-il étendu à la manière d'un immense revêtement de marbre? formait-il le fond d'une décoration polychrome? Je ne le saurais dire. Quand des édifices ont subi une destruction aussi complète que les palais de Suse, on ne peut songer à découvrir au milieu des ruines des fragments de peintures à l'encaustique.

Il est admis que les Perses n'avaient pas de temples. Le fait est attesté par Hérodote. D'autre part, Darius parle *des maisons des dieux* dans l'inscription de Bisoutoun. En général, on traduit *âyadanâ* du texte perse et *biti sa iluï* (Oppert. *Exc. més.*, t. II, p. 212) du texte assyrien par autels, afin de cadrer avec la donnée religieuse réputée vraie. *Biti sa iluï* pouvait, en effet, s'entendre dans un sens symbolique. Strabon est moins net qu'Hérodote, il écrit (XV, III, 13) : « Les Perses n'ont ni temples ni autels » et (XV, III, 15) « leurs édifices religieux sont parfois très beaux. » Contradiction inquiétante, mais à la rigueur explicable en rapportant la première phrase à un état ancien de la religion et la deuxième à des faits plus récents, observés à une époque de profonde dégénérescence religieuse.

Je m'étais rangé à cette opinion en étudiant l'architecture persépolitaine et je la tiens encore pour vraisemblable, si on limite l'acception de religion perse au mazdéisme orthodoxe, tel qu'il a été professé sous le règne de Darius et de la dynastie sassanide. On sait, en effet, qu'à l'époque de Xerxès et de ses successeurs des quantités d'alliage toujours croissantes furent mélangées à l'or pur des traditions zoroastriennes par les aïeux de ces mages qui recherchèrent plus tard, dans le retour aux pures traditions, un levier assez puissant pour renverser les Arsacides.

Une découverte des plus intéressantes, faite au cours de la dernière campagne, semble jeter un jour tout nouveau sur les questions se rattachant aux constructions religieuses de l'ancienne Perse.

Loftus avait trouvé dans les fouilles de l'angle sud du tumulus élamite une base de colonne de dimension moyenne, mais d'un dessin fort élégant. Elle portait sur le haut de la campanule l'inscription trilingue connue : « Moi, Artaxerxès, roi achéménide, grand roi. » Tout d'abord, j'avais attribué cette pierre à la colonnade d'un palais, bien que le site d'où elle avait été exhumée se prêtât mal à une semblable destination. La découverte de Loftus ne resta pas isolée. En nous promenant autour du tumulus, nous remarquâmes tous des fragments de petites colonnes plus ou moins élégants, plus ou moins frustes. Ces pierres gisaient dans le voisinage de *tells* de forme identique ; constitués par une pyramide précédée d'une rampe orientée vers le nord-ouest.

Deux raisons m'avaient détourné d'attaquer ces *tells* secondaires. La rivière le Chaour, en battant le pied de l'un d'eux, avait rongé la base du monticule artificiel et déterminé une coupe verticale dont l'étude était sans intérêt ; en second lieu, il eût fallu détourner les ouvriers des grands chantiers et surveiller de nouvelles attaques au moment où les anciennes sollicitaient toute mon attention.

Sur ces entrefaites, des Arabes qui creusaient une fosse mirent à jour une nouvelle base de colonne. Je me transportai sur les lieux de la découverte et je constatai avec surprise que trois bases bien conservées, d'un dessin analogue à celle de Loftus, mais d'un travail moins recherché, gisaient côte à côte sur un tumulus du type normal. A cette vue, je me départis de ma réserve et, dès le lendemain, je traçai une tranchée afin de reconnaître les axes de l'édifice. Les premières fouilles mirent à jour de larges degrés en briques. L'escalier fut déblayé, et au bas des marches, se présenta un dallage enfermant une cour carrée. En même temps, on nettoyait la fosse ouverte par les Arabes et on découvrait à 1^m,50 au-dessous du sol une fondation carrée remplie, suivant le système élamite, d'une épaisse couche de cailloux roulés. Deux excavations issues du point précis où s'élevait la première base et dirigées parallèlement aux axes de la cour mirent à nu deux nouvelles fondations ; puis on en découvrit une quatrième symétrique aux trois autres. Ce groupe de supports était isolé. Cependant on trouva deux autres massifs de graviers joignant la marche supérieure de l'escalier et, tout auprès, un fragment de poutre en assez bon état de conservation, une figurine en terre cuite représentant une femme nue et une main en marbre blanc.

Deux nouvelles fondations limitaient l'extrémité des degrés supérieurs.

Le déblaiement de la cour fit apparaître d'abord une quatrième base identique aux trois déjà trouvées, deux plus petites correspondant aux massifs joignant la marche supérieure, puis dans l'axe des gradins en brique et sur la face opposée au grand escalier des fondations barlongues très minces. Le carrelage qui comprenait la cour s'élargissait en redents réguliers dans le voisinage des angles et présentait sur ces points des traces d'usure ; à droite et à gauche de l'escalier central se rencontraient des degrés étroits également très fatigués ; enfin en quelques endroits et notamment le long de la limite extérieure du dallage, les briques crues des murs étaient encore en place. Là terre extraite des fouilles était homogène et remarquablement propre. Elle avait été malaxée et provenait des murs ruinés de l'édifice comme le prouvaient, au surplus, des fragments de briques crues noyés dans la masse des déblais. D'ailleurs, pas un tesson de poterie, pas d'autres briques cuites que celles des trottoirs, pas un fragment de faïence. Ces faits, joints à la découverte de toutes les bases de colonne de l'édifice et à la nature des terres, sont des preuves certaines que le monument avait été respecté depuis sa chute. On avait utilisé les pierres saillantes, telles que les fûts de colonne, les chapiteaux, les statues ou les autels, s'il en existait, mais on n'avait pas violé des ruines sans importance apparente.

Je défendrai plus tard ma restitution, je me contenterai aujourd'hui de la décrire.

L'édifice était porté sur un soubassement haut de deux mètres environ. La forme et les dimensions de la plate-forme supérieure ont été relevées directement sur le terrain. Aux quatre colonnes correspondait un porche analogue à ceux des petits palais achéménides.

J'exclus l'hypothèse d'une salle hypostyle, parce que les bases retrouvées appartiennent à un ordre toujours employé à l'extérieur et parce que la rampe d'accès vient aboutir dans l'axe et au pied des supports.

A la suite du porche se trouvaient une première salle rectangulaire, puis un nouveau porche à deux colonnes, l'escalier et une cour d'assez vastes dimensions encadrée sur trois de ses

faces par le promenoir dallé que les fouilles ont mis à découvert. Les constructions qui flanquaient le porche extérieur et la
première salle étaient minces. Celles qui régnaient autour de la
cour atteignaient, murs compris, de 9 mètres à 9ᵐ,20 de profondeur. L'élargissement des trottoirs ménagés autour de la cour
correspond à des seuils de porte et les deux petits escaliers à des
vestibules symétriques qui s'ouvrent sous le porche extérieur
après avoir longé la première salle.

Les massifs de cailloux placés à droite et à gauche des
degrés, et dont le niveau est fort inférieur à la crête des fondations des colonnes, supportaient sans doute des stèles ou des
statues ; les gradins situés au centre de la cour, un autel semblable aux atechga représentés sur les bas-reliefs de Persépolis,
les minces couches de graviers signalées sur la face postérieure
de la cour, des objets d'un faible poids, tels que des sièges à
demeure ou des bassins à ablutions.

La construction, qui vient d'être décrite, était trop pauvre
pour un palais : des briques crues et quelques colonnes très
simples, sans adjonction de revêtements de faïences et de
dallage de marbre, n'auraient pas satisfait les instincts luxueux
d'un monarque achéménide ou du moindre de ses serviteurs.
D'autre part, l'aspect monumental et officiel du monument avec
son porche hypostyle, son soubassement élevé, sa rampe d'accès,
sa forme typique indiquent qu'il ne s'agit pas non plus de la
demeure d'un particulier. Qui sait, d'ailleurs, si un Perse, même
du plus haut rang, eût jamais osé faire construire sa maison sur
le modèle du palais de ses maîtres ? L'exemple des châteaux
féodaux de Firouz-Abâd et de Sarvistan semble jusqu'à ce jour
contredire à cette hypothèse.

S'il ne s'agit pas d'une habitation princière ou privée, dans
quelle catégorie rangera-t-on notre petit édifice ? Il est impossible
de méconnaître, dans le plan de la construction perse, les caractères essentiels des temples gréco-asiatiques et des *zigou-
rats* assyriens. Il procède des premiers par le péribole, l'autel
extérieur, l'escalier, le porche et la position de la cella ; des

deuxièmes par le soubassement et la rampe d'accès. Les entrées défilées cachant au profane la vue de la cour et de l'autel des sacrifices appartiennent en propre à l'architecture ombrageuse de la Perse. C'est la griffe de l'inventeur du tombeau de Mandane et de tous les *endérouns* iraniens. Je verrai donc dans cette œuvre un composé des édifices religieux de la Hellade et de Chaldée, mélange aussi complexe que la nature des dieux qui y étaient adorés.

Strabon parlait donc avec raison des temples de la Perse. Ce n'est pas à dire qu'Hérodote eut tort d'en nier l'existence. Mais on peut préjuger qu'au moment où écrivait l'historien des guerres médiques, le mazdéisme ne donnait pas asile à des dieux adorés dans des enceintes fermées et couvertes, tandis que plus tard l'Atechgâ lui-même, à l'imitation des autels étrangers, pourrait bien avoir été défendu par une enceinte murée ; le porche intérieur remplacerait le *takht* sur lequel se tient le roi dans les bas-reliefs funéraires de Persépolis.

En ce cas, les petits tumulus de la plaine de Suse correspondraient à une série de temples construits, les uns dans la période élamite, les plus récents à l'époque d'Artaxerxès Mnémon et des princes achéménides qui favorisèrent l'introduction, en Perse, des cultes sémitiques. Notre petit monument serait l'un des plus simples de ces édifices religieux, une église de faubourg, tandis que les bases dégagées par sir Loftus à l'angle sud du tumulus élamite appartiendraient peut-être à une chapelle du Kchayathiya ou à l'autel dédié au dieu protecteur des demeures royales.

Les excavations entreprises l'année passée dans le but de dégager la porte des palais élamites avaient atteint le sommet d'une tour et la crête des courtines adjacentes. Malgré tout l'intérêt que présentait le déblaiement de la fortification, je ne pouvais songer à prolonger et à approfondir les tranchées au point où elles avaient été entreprises. Le temps et l'argent faisaient également défaut. Je pus heureusement suppléer bientôt à l'abandon de ces fouilles.

A mon retour, je l'ai fait observer, je trouvai le tumulus nu comme un rocher ; pas une mousse, pas une herbe ne dissimulait ses contours. L'étude journalière des crevasses me fit distinguer, le long de leurs flancs montueux, des terres de trois natures différentes : d'abord, c'étaient des massifs d'argile, compacts, durs, fibreux et de teinte chaude ; ils semblaient saillir au-dessus de l'enveloppe générale du tumulus. Attaqués à la pioche, ils se brisaient en blocs volumineux présentant parfois des plans de clivages. En les examinant avec soin, on décomposait leur masse en moellons carrés reliés entre eux par un mortier gris, moins dur que les matériaux. Ces massifs faisaient partie des murs de terre crue, des murs en place de la fortification.

A côté des murs, apparaissaient tantôt des terres grises amorphes disposées par longues stratifications homogènes, tantôt des terres plus ou moins mélangées de graviers et de fragments de briques crues, isolés et sans position régulière.

Les premières appartenaient à des remblais pilonnés, les secondes aux éboulis des murs et aux détritus amoncelés, par la suite des âges, le long des remparts. En quelques points, on remarquait également, au voisinage de la ligne séparative des terres rouges et grises, des traînées caillouteuses plus ou moins distinctes.

Il était important d'isoler les terres et les matériaux dont semblaient se composer les enceintes fortifiées. Je choisis une crevasse profonde, à peu près normale au périmètre, et j'en confiai le nettoyage à des ouvriers expérimentés. Dès les premiers coups de pioche donnés sur la traînée caillouteuse, mes hommes pénétrèrent dans une masse de gravier limitée par deux faces parallèles, verticales et distantes de $0^m,64$. La face orientée vers l'extérieur s'appuyait sur les terres rouges, c'est-à-dire sur le mur bâti, le parement intérieur sur les remblais pilonnés. Malgré son apparence modeste, cette découverte était capitale.

Il est aujourd'hui de règle constante, dans nos travaux d'ingénieur, d'intercaler entre les remblais et leurs murs de soutènement une chemise de cailloux ou de pierre cassée. La chemise draine les eaux pluviales, leur livre des issues faciles et prévient ainsi les effets désastreux dus à la poussée des terres humides sur les murs destinés à les maintenir. Il faut en prendre notre parti, cette invention appartient sans conteste aux ingénieurs élamites. Quant à moi, j'ai pardonné depuis longtemps à mes antiques prédécesseurs d'avoir ravi une faible gloire à leurs modernes confrères en faveur du trait de lumière que cette pratique jeta sur les travaux de défense établis autour des palais susiens. Le rôle et la situation de la chemise bien établis, il devint, en effet, fort aisé de retrouver la tranche de cailloux dans tous les points où elle n'avait pas été ensevelie sous une masse trop épaisse de décombres, d'isoler la paroi intérieure du mur de soutènement et de rétablir dans sa situation le parement extérieur, parallèle à la chemise et distant de cette dernière de près de vingt-trois mètres. J'étais en possession du périmètre et de l'emprise exacte des ouvrages défensifs, mais il me manquait les principaux éléments des coupes transversales, lacunes fâcheuses, que des recherches nouvelles, facilitées par un heureux concours de circonstances, vinrent heureusement combler.

La fortification comprenait un fossé rempli d'eau, large et profond, mis en communication avec le Chaour, et une double enceinte. Le rempart extérieur ou avant-mur était formé d'un mur plein, bâti en briques crues, large de vingt-trois mètres et haut de vingt-deux. Cette dernière cote, mesurée en prenant pour plan de comparaison le niveau moyen de la plaine pris à dix-sept mètres au-dessous du dallage de l'Apadâna d'Artaxerxès, est relative. Toutefois, comme la position du plan de comparaison correspond à une surépaisseur du mur de terre, je pense que le zéro doit être assimilé comme position à la crête de l'escarpe et placé à 2^m,50 environ au-dessus du niveau moyen des eaux du Chaour et, partant, des eaux des anciens fossés. Contre le parement intérieur du mur venait s'appuyer, séparé de la maçonnerie par la chemise de cailloux, un massif de terre pilonnée épais de vingt-sept mètres et haut de dix-huit [1].

---

1. Tous ces chiffres pourront être donnés exactement quand le plan coté du

Sur la plate-forme du remblai on avait bâti deux groupes de constructions parallèles servant à la fois de casernes blindées (Hérodote signale cet usage) et de chemins de ronde où les défenseurs de la place pouvaient circuler sans danger, alors même que la première enceinte était au pouvoir de l'ennemi. Le deuxième rempart, large de $14^m,70$, était constitué par deux murs en brique crue de $3^m,50$ et $4^m,60$ d'épaisseur entre lesquels était pilonnée de la terre humide. Derrière le deuxième rempart régnait une rue dont je n'ai pu déterminer les dimensions. Généralement, l'enceinte n'est pas bastionnée : son tracé en plan affecte la forme d'une scie dont les dents seraient à angle droit. C'est le tracé en crémaillère décrit par Philon (§ VIII, 13). En un point seulement de l'avant-mur j'ai constaté au centre des maçonneries la présence d'une galerie voûtée et parementée en brique cuite.

Outre les renseignements déjà recueillis, le déblaiement des murs de la forteresse a eu pour résultat de montrer que les reliefs du sol, quelle que fût leur complication apparente, concordaient, en tenant compte de la direction des pluies régnantes et des usures très différentes qu'elles font subir aux parois suivant leur exposition, avec la saillie des anciennes fortifications. L'application de cette loi faisait reconnaître au seul aspect du sol la position des tours ; il en existait au sommet des dents de scie de chacun des deux étages de la forteresse, et, par le fait même du tracé, les tours de la deuxième enceinte battaient le milieu des courtines de l'enceinte extérieure. Je n'ai pu déterminer ni la hauteur des défenses intérieures ni celle des tours, ces ouvrages étant tous écrêtés ; mais, à la masse des décombres amoncelés, on peut juger que le commandement en était faible. L'étude des cotes données à ce sujet par les auteurs anciens, ainsi que l'examen de la forteresse de Suse et des bas-reliefs assyriens, étude faite en se plaçant au point de vue de la poliorcétique ancienne et de la statique, dont les règles sont aussi éternelles que l'art de se détruire, permet de fixer autour de 10 coudées

tumulus sera terminé ainsi que les calculs que comportent la triangulation et le nivellement.

babyloniennes le commandement respectif de chacun des ouvrages sur les défenses immédiatement inférieures. Ce chiffre n'a rien de précis, mais il exprime une moyenne répondant à toutes les données du problème.

La cote initiale de 22 mètres résultant de la mesure directe de la courtine extérieure étant admise, la crête des premières tours aurait été nivelée à 27 mètres, la seconde courtine à 32, et les tours les plus élevées à 37 ou à 42. Les défenses étaient plus basses autour de l'Apadâna, plus hautes en un point du tumulus élamite bien déterminé par l'accumulation des remblais et tout autour de la citadelle.

Dans ce dernier ouvrage les courtines et les tours atteignent respectivement 46 et 51 mètres.

Les dispositions adoptées par les ingénieurs susiens sont complexes. Par leurs masses énormes, leur hauteur, la position des casernements, les remparts se rapprochent des défenses babyloniennes.

Par le tracé et les profils surtout, la fortification de Suse se classe dans le groupe gréco-phénicien dont Philon s'est fait l'historien. Ce n'est pas le lieu de discuter les origines d'un système défensif dont la plus ancienne application connue remonte aux premiers rois aryens d'Ecbatane et la plus récente à l'empereur Théodore qui régnait en 413 à Byzance. Je me borne pour le moment à constater des faits sans en tirer des déductions.

En même temps que ces travaux s'effectuaient, je me rattachais à l'espoir de découvrir une des grandes entrées du tumulus élamite. Des fragments de colonne et de briques émaillées, puis une inscription achéménide incomplète me prouvèrent que je touchais au but désiré. J'atteignis un double carrellement et puis enfin une pierre colossale servant de support à une crapaudine de métal. La pierre avait été violée, mais la destination ne pouvait en être douteuse : un superbe fragment d'un revêtement de bronze auquel adhéraient encore le bois et les pointes, de gros clous de fer ayant servi à relier les ais gisaient auprès de la crapaudine. Les ruines que je venais de mettre au jour faisaient partie de l'ouvrage extérieur, les fragments de colonne et l'inscription appartenaient à la porte de la deuxième enceinte.

A quelle époque doit-on faire remonter la construction des remparts?

Trompé l'année dernière par l'épaisseur du comblement et la découverte, dans les couches profondes, d'inscriptions et de nombreux objets élamites, j'avais été porté à dater des derniers rois susiens les remparts du grand tumulus. De là le nom de tumulus élamite que je lui avais donné et que je lui conserverai d'ailleurs.

Cette année, je suis beaucoup plus perplexe. Il est certain, par exemple, que la grande porte dont j'ai retrouvé le seuil est perse; les fragments de colonne et l'inscription sont là pour l'attester; d'autre part, le plan du tumulus est franchement susien. Peut-être faudrait-il voir dans le grand tumulus une œuvre élamite agrandie et restaurée par Darius et ses successeurs? La même définition serait applicable à la citadelle. Quant à la plate-forme des palais de Darius et d'Artaxerxès, elle serait récente et mériterait à tous égards la qualification de perse. Quoi qu'il en soit à cet égard, les constructions de la même époque sont enfouies beaucoup plus profondément dans le tumulus élamite que dans le tumulus achéménide. Cette différence s'expliquerait par la multiplicité et la nature des constructions amoncelées sur la grande plate-forme. Au lieu d'un Apadâna et de quelques portiques hypostyles, cette dernière plate-forme devait porter des palais voûtés rappelant les demeures des rois d'Assyrie et dans lesquels le Khchâyathiya trouvait, à défaut de la décoration grandiose de la salle du trône, une installation appropriée au climat et aux multiples exigences de l'*enderoun*.

Le déblaiement de la fortification a fait connaître un usage funéraire assez singulier. J'ai parlé d'urnes et de puits trouvés en immense quantité toutes les fois que l'on essayait de suivre le parement d'un mur de terre. Les puits étaient forés le long des remparts dans des éboulis assez résistants pour ne pas s'écrouler pendant le forage. Quand les fossoyeurs avaient atteint le terrain solide, ils creusaient dans l'épaisseur des murs et perpendiculairement à leur direction une galerie voûtée horizontale de 3 à 4 mètres de long, puis se retournaient à angle droit et préparaient un long boyau, haut de 2 mètres environ et large de 1^m,25. C'est dans ces catacombes que l'on enfermait les urnes funéraires bâties côte à côte et noyées dans une maçonnerie de terre. Je me plaignais l'année dernière de la gêne que les cimetières apportaient à nos fouilles et à nos recherches : j'avais bien tort, car leur existence était liée d'une manière intime à celle des fortifications dont je poursuivais le tracé.

Les urnes ne peuvent être ni arabes, ni sassanides, ni achéménides ; à chacune de ces périodes de l'histoire correspond un mode de sépulture bien connu. Elles seraient parthes et auraient été enfouies à une époque où les fortifications étaient assez négligées pour servir de nécropole. L'abandon des palais était donc consommé dès les premières années de l'ère chrétienne. Je crois avoir déjà dit que les cadavres étaient moulés dans l'urne et cuits avec la poterie. Je n'ai jamais rencontré, dans les centaines d'urnes funéraires que j'ai ouvertes, d'objets en métaux précieux ; monnaies, bijoux, ustensiles toujours fort rares d'ailleurs, sont en bronze ou en fer. Il se pourrait que l'ostracisme dont semblent frappés l'or et l'argent fût le résultat d'une prescription religieuse. Leur éclat, comparable à celui de la flamme, leur faisait partager avec le feu la propriété d'être souillé par les cadavres. Le rituel mazdaïque s'était abâtardi, mais ne s'était pas perdu sous les successeurs d'Arsace.

Comme dans la campagne précédente, le nombre des petits objets découverts a dû être considérable. Quelques-uns, mis au jour en présence de l'un des membres de la mission, m'ont été remis ; la plupart ont été volés et sont revenus, je l'espère au moins, grâce à l'habitude que j'avais prise d'acheter tous les petits monuments présentés par les Arabes. Il eût été préférable, au point de vue scientifique, de connaître l'origine exacte des bronzes et des cylindres de la collection susienne ; mais si je l'avais recherché trop sévèrement, j'aurais intimidé sans profit nos ouvriers et les nomades. Je me contentai donc de punir sévèrement les travailleurs pris en flagrant délit de vol; mais quand un objet avait échappé à notre surveillance, je l'acquérais les yeux fermés et je feignais d'être la dupe de son propriétaire. Entre deux maux mieux valait choisir le moindre. Au reste, soit que les fouilles aient été plus fructueuses, soit que je me sois montré plus accommodant que l'année passée, la récolte a été particulièrement abondante.

Je citerai : une grande statue de grès sans tête et sans jambe trouvée par Mme Dieulafoy aux pieds de l'angle sud des tumulus, dans le voisinage immédiat du temple; une figurine de terre cuite exhumée en ma présence dans un état de conservation surprenant, une collection de statuettes de femmes du type d'Anaïta. Des plus maigres aux plus grasses toutes les natures sont représentées. La collection des vases lacrymatoires s'est accrue dans de notables proportions; il en est de même de celle des monnaies de cuivre et des bijoux de bronze, bracelets, boucles d'oreilles, bagues ornées de turquoises. Tous ces derniers objets proviennent des poteries funéraires et étaient mêlés soit avec les cendres et les ossements, soit déposés dans les galeries souterraines. Des cimetières antiques on a extrait également quelques urnes émaillées fort remarquables. Des pointes de flèches et des fers de javeline gisaient auprès des fortification. Au nombre des bronzes que je rapporte se trouvent de petits lions, un oiseau et un groupe de style assyrien haut de 8 cent. représentant un homme appuyé sur un lion.

Je ne parlerai pas d'une collection complète de lampes pour arriver plus vite aux pierres gravées. Elles sont nombreuses et d'un haut intérêt. L'année dernière les cachets sassanides affluaient, cette année ce sont les cylindres et les sceaux des époques antérieures à Alexandre. On peut les répartir en trois catégories :

Cylindres 96
Sceaux anciens 31
Pierres parthes ou sassanides 82

La description des intailles, la plupart très remarquables, demanderait des études que je n'ai eu ni le loisir ni les moyens de terminer à Suse. Je ne puis pourtant omettre de citer deux cylindres d'un caractère des plus singuliers.

L'un représente un tableau d'un naturalisme transcendant; l'autre, plus calme, une chasseresse et deux gazelles. Ce dernier sujet a été souvent reproduit par les artistes de l'ancien Orient; mais la coiffure, le vêtement et la délicatesse de la femme rappellent de si près les statues de Diane, le style des intailles est si franchement grec que les deux scènes semblent détachées d'un vase athénien et transportées sur la pierre par un enfant de la Hellade. Je tiens cependant les deux cylindres pour des œuvres chaldéennes.

Je dois joindre cette année à l'actif de la mission un magnifique plan côté du tumulus et de ses environs, relevé avec une rare précision par M. Babin, les études de M. Houssay sur la flore, la faune, la géologie du sud-ouest de la Perse et sur les races qui ont occupé ou qui peuplent encore la Susiane, les cinq cent soixante-seize photographies prises tour à tour par chacun de nous et une collection de moulages qui est également une œuvre collective.

Ces travaux particuliers, la comptabilité, la surveillance des chantiers, la conduite des convois et des charrettes ont absorbé tout le temps de MM. Babin et Houssay. Mme Dieulafoy a dirigé, comme par le passé, le déblaiement si minutieux et si absorbant des frises émaillées, le numérotage des briques, leur transport au magasin et l'emballage de nos richesses dans 215 caisses qui ont pesé pleines 45,000 kilos.

Les résultats acquis à la suite des deux campagnes de fouilles sont de deux ordres bien distincts.

Dans la première catégorie je rangerai les objets dont s'enrichissent nos collections nationales.

1° Deux fragments d'une frise en faïence émaillée ornée de lions en bas-relief et provenant des pylônes du palais d'Artaxerxès Mnémon; ces deux fragments ayant ensemble 4 mètres de haut et 9 mètres de long;

2° Un fragment d'une frise en faïence émaillée ornée de onze gardes royaux du corps des immortels et provenant du palais de Darius; ce fragment ayant 4^m,60 de haut et près de 10 mètres de long;

3° Deux fragments de rampe d'escalier en faïence émaillée; l'un est sans doute élamite;

4° Trois fragments de frise en terre cuite représentant des animaux fantastiques; ces deux fragments ayant ensemble 1^m,90 de haut et 6^m,30 de long;

5° Un chapiteau bicéphale porté sur ses volutes provenant du palais d'Artaxerxès;

6° Une superbe collection de pierres gravées comportant en totalité 302 cachets et cylindres commençant aux temps les plus archaïques pour se terminer sous le règne des Sassanides;

7° Un très grand nombre d'inscriptions cunéiformes, la plupart susiennes ou achéménides. Ces inscriptions sont gravées sur terre et sur pierre ou émaillées sur brique;

8° Des monnaies de bronze de la Susiane et des pays limitrophes de l'époque des Parthes et des Sassanides;

9° Quelques statuettes de bronze, de terre cuite, de marbre et d'ivoire;

10° Une partie du revêtement en bronze des portes extérieures du palais d'Artaxerxès;

11° Une suite nombreuse de vases lacrymatoires en verre;

12° Près de 500 objets d'ordre secondaire comprenant des vases émaillés sassanides, des urnes funéraires parthes, une une statue de grès acéphale, des armes de fer et de bronze, des lampes, des ustensiles de toilette, des vases de marbre, des autels, des fragments de briques émaillées ou de pierres sculptées, des inscriptions funéraires, etc., etc.;

13° Des squelettes de Susiens enterrés depuis 1700 à 2000 ans;

14° Les moulages en plâtre des grandes bases des palais et de leurs inscriptions, et des objets trop lourds pour être transportés;

15° Une belle suite de clichés [1], quelques-uns en couleur reproduisant les sites les plus importants du tumulus, les chantiers,
les types des indigènes de la Susiane, les inscriptions et les
sculptures de Mal-Amir et de Nakhchè-Roustem, les bas-reliefs
de Persépolis, des paysages et des scènes empruntées à toute la
Perse. J'attache le plus grand prix aux photographies des chantiers, car elles sont les témoins irrécusables et journaliers de
tous les travaux de la mission;

16° Le plan en relief du tumulus et des fouilles.

Au point de vue plus spécialement spéculatif, je rapporte des
documents qui me permettront de combler, en m'appuyant sur
des observations certaines les lacunes que présentaient mes
études sur l'art achéménide et de préparer à cette fin des travaux
sur les sujets suivants :

1° Ornementation extérieure des palais achéménides et susiens;

2° Étude sur les origines et le développement de la décoration
en faïence dans l'antiquité;

3° Restitution dans son ensemble et ses détails de l'Apadána
d'Artaxerxès Mnémon, au rapport des Grecs le plus beau et le
plus complet des ensembles architectoniques élevés par les monarques perses;

4° Etude sur la poliorcétique de l'ancien Orient basée sur la
restauration de la forteresse historique de Suse;

5° Description des pierres gravées et des monnaies trouvées à
Suse;

6° Essai sur l'architecture religieuse de la Perse; à l'époque
des Achéménides ;

7° Note sur les races noires de l'Asie archaïque et le mythe de
Memnon.

Les fonds mis à ma disposition pour faire face aux dépenses
de toute sorte occasionnées par les fouilles de Suse s'élevaient

---

1. En y ajoutant les vues rapportées de notre premier voyage en Perse la
collection ne comportera pas moins de mille photographies.

d'abord à 41,000 francs. Ils ont été augmentés de 3,000 francs en 1885 et j'ai à liquider un passif de 10,500 francs.

La dépense totale en acquisition de matériel, transports, fouilles, emballages, s'élèvera donc à 54,500 francs. J'ajoute que le tumulus de Suse, perdu dans les déserts, est à 400 kilomètres du port d'embarquement le plus voisin et que ce port est à 10,000 kilomètres de Marseille.

Je ne cherche pas, en mettant en parallèle les résultats acquis et le montant des dépenses un succès qui est dû à la prévoyance et à la parcimonieuse économie de mes collaborateurs ; mais je désire montrer combien, quand elles sont possibles, les fouilles directes sont préférables aux acquisitions. Ces chiffres eussent été sensiblement dépassés si les ouvriers n'avaient successivement accepté pour leur salaire quotidien les prix minimes de 0 fr. 60 et 0 fr. 40 et si le *Sané* n'avait transporté le produit des fouilles de Bender-Bouchyr en France. De ce dernier chef les navires anglais auraient demandé, si j'en juge à un seul exemple [1], de 10 à 12,000 francs pour le port des colis et 6,000 francs pour le prix du passage du personnel complet de la mission. Il va de soi que nos caisses, éprouvées par un long voyage en caravane eussent été traitées comme de vulgaires colis de sucre ou de coton.

Les renseignements fournis par les fouilles de Suse ont un caractère bien particulier. Ils apportent aux études archéologiques un contingent nombreux de faits inédits et parfois imprévus, mais en revanche, ils sont compris dans une période de courte durée, limitée par les règnes de Darius et d'Artaxerxès Mnémon.

Aujourd'hui ce double résultat est aisé à expliquer.

D'un côté la mine à exploiter était vierge et d'autant plus

---

1. Au moment de quitter Mohamerèh, je demandai au représentant de la *British India* de faire embarquer sur un des navires de sa compagnie, à destination de Bouchyr, vingt-cinq tonnes de bagages. Le voyage dure vingt-quatre heures et le fret payé pour ce voyage par les négociants de Mohamerèh était de 4 francs la tonne. L'agent de la compagnie, après s'être concerté avec le capitaine, me réclama dans les mêmes conditions 8 francs par caisse de 80 kilos, soit 100 francs par tonne. Je ne traitai pas, naturellement, et je chargeai mes colis sur un bateau à voile qui les transporta à bord du *Sané* pour 200 francs.

intéressante que les monuments persépolitains, tout comme les travaux de Loftus, n'avaient fait connaître d'une manière définitive que des colonnes et les portes en pierre des palais achéménides ; d'autre part, le défaut de documents relatifs à l'époque des rois de Suse provient de l'énorme profondeur où ils doivent être enfouis.

Le palais de Darius gît à 8 mètres au-dessous du sol du tumulus achéménide, les constructions perses du grand *tel* et de la forteresse dorment sous une couche de terre ou de débris n'atteignant pas moins de 12 à 14 mètres d'épaisseur.

A quel niveau rencontrerait-on les demeures des Koudour-Nakhounta ou de ses successeurs ?

Je ne pouvais donc, avec l'outillage rudimentaire, les crédits restreints et surtout les deux années dont je disposais, atteindre le niveau susien dont la profondeur ne saurait être déduite de la situation des documents archaïques que j'ai retrouvés dans les excavations ; ces documents avaient été ramenés des couches élamites depuis bien des siècles et se trouvaient accidentellement mêlés aux matériaux des âges postérieurs.

Il importait au plus haut degré d'entrer dans ces précisions, afin de déduire des résultats acquis la voie à suivre le jour où l'on reprendra les travaux.

Des recherches nouvelles ne nécessiteraient pas seulement une installation sûre à l'abri des fluctuations de la politique persane comme des attaques des voleurs et des pèlerins, mais aussi des crédits considérables répartis sur une longue suite de campagnes et un matériel approprié à la nature des travaux à prévoir.

Quand les fouilles dépassent 6 mètres de profondeur, il est nuisible et dangereux de porter le long des tranchées les déblais en provenant. Nuisible parce qu'il faut élever à une hauteur double de la profondeur de la fouille chaque pelletée de terre et déplacer les cavaliers quand la suite des travaux conduit au-dessous des dépôts ; dangereux parce que les poids accumulés auprès des parois des excavations risquent d'accélérer les éboulements.

Cette année j'ai utilisé au transport des déblais une armée de

petits ânes; mais on ne saurait demander à ces vaillantes bêtes
de participer, sans les encombrer, à des fouilles conduites jusqu'à
15, 20 et peut-être 25 mètres de profondeur sur 12 à 15 mètres
de large, et plus d'un kilomètre de long. On devrait plutôt avoir
recours à des wagonnets remorqués par des chevaux et à leur
aide sillonner le tumulus, de cunettes de recherche élargies
suivant les besoins comme le sont les tranchées de chemins
de fer, quitte à examiner minutieusement les déblais et les parois
des excavations. La méthode, brutale si elle était confiée à des
mains inexpérimentées, serait pourtant la seule pratique. Que
l'on n'oublie pas en effet que l'ensemble des ruines ne cube
pas moins de 15 millions de mètres et que l'on ne doit jamais
abandonner une tranchée, quand on en a les moyens s'entend,
avant d'avoir atteint le sol naturel.

Quel serait l'avenir des nouvelles fouilles?

J'ai remué 42,000 mètres cubes de terre et cette année surtout
j'ai accumulé mes ressources et mes ouvriers sur le tumulus le
plus petit et sur les monuments les moins profonds. C'est un
chiffre bien faible, eu égard à la masse totale, et ce sont des
informations bien sommaires pour porter un jugement certain
sur une aussi grave question.

Je pense, néanmoins, que tous les édifices étaient bâtis en
brique crue et par exception en matériaux cuits, que la con-
trée, bien que pillée par les conquérants babyloniens et assyriens,
a toujours été populeuse et que chaque résurrection de la ville
royale s'est opérée aux dépens des ruines et des débris de la cité
défunte. On trouverait donc, semble-t-il, dans des fouilles très profondes des documents intéressants, mais peu de monuments en
place. Les plus beaux morceaux que je rapporte proviennent d'un
palais brûlé et enterré d'une manière définitive moins de cent ans
après sa ruine. Bénéficiera-t-on souvent d'une chance aussi
heureuse?

Il m'est bien doux, en clôturant ce rapport, de n'avoir que des
remerciements à adresser. D'abord à M. de Ronchaud et aux dif-

férents chefs de services de qui dépendait la mission, j'ai dit combien chacun d'eux avait aidé au succès des travaux ; je voudrais trouver une formule assez vive pour leur témoigner toute ma reconnaissance ; au Ministère des affaires étrangères et de la marine et aux officiers du *Scorpion* et du *Sané* qui ont fait en nous conduisant à Bassorah et en venant nous recueillir, une corvée bien monotone et bien pénible, au profit de la science archéologique.

Je n'aurais garde d'oublier le Dr Tholozan dont la haute situation à la cour de Perse due au seul prestige d'une science éminente et d'une honnêteté incorruptible a toujours été mise au service de la mission. Son action a été officieuse, mais les conseils et les explications qu'il était seul en mesure de fournir au roi ont aidé d'une manière souveraine à surmonter de grosses difficultés, à détourner bien des orages et à faire revenir Naser-Eddin-Chah, le plus autoritaire des souverains, sur des décisions funestes déjà transmises au gouvernement français.

Je désirerais enfin attirer d'une manière toute spéciale la bien veillance de l'administration sur mes collaborateurs. Passer deux ans sous un climat meurtrier, dans une installation des plus précaires, au milieu d'un désert sauvage, visité seulement par des bandits et des énergumènes, puiser tout son courage dans l'accomplissement régulier d'un devoir toujours pénible et parfois périlleux, manquer de la satisfaction toute spéciale que les chefs trouvent dans la direction générale et dans le succès d'entreprises conduites sur leurs avis, est digne des plus grands éloges. Je les donne de grand cœur et avec le désir bien ardent qu'une conduite aussi méritoire trouve sa juste récompense.

A Bord du *Sané*, le 9 juin 1886.

L'*Ingénieur en chef des ponts et chaussées,*
directeur de la mission de Susiane,

DIEULAFOY.

ANGERS, IMP. A. BURDIN, ET Cie RUE GARNIER, 4.

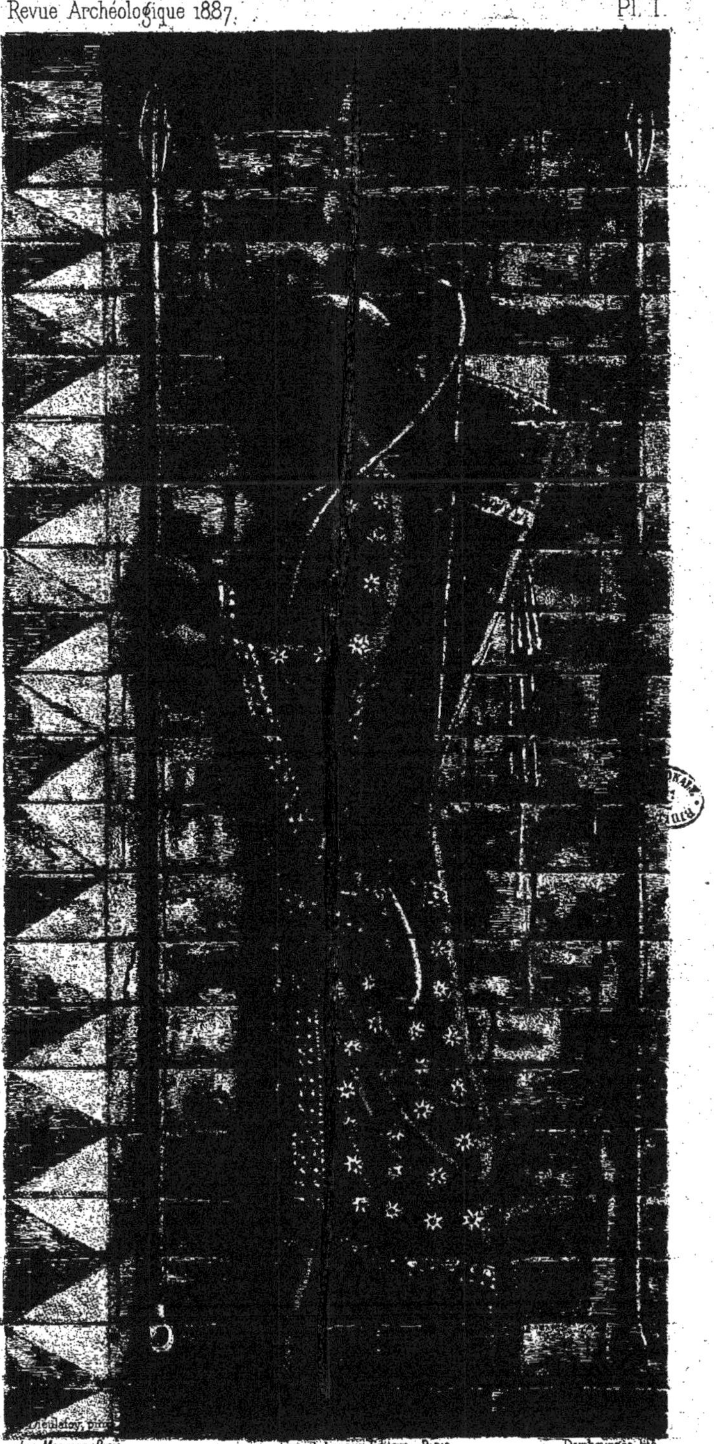

Imp. Monrocq, Paris.   Ernest Leroux, Éditeur, Paris.   Dambourgès, lith.

ARCHERS DE LA GARDE ROYALE PROVENANT DU PALAIS DE DARIUS 1er

ARCHERS DE LA GARDE ROYALE PROVENANT DU PALAIS DE DARIUS 1er.